Sentimientos Poéticos

Presciliano Quezada

Reservados todos los derechos. No se permite la reproducción total o parcial de esta obra, ni su incorporación a un sistema informático, ni su transmisión en cualquier forma o por cualquier medio (electrónico, mecánico, fotocopia, grabación u otros) sin autorización previa y por escrito de los titulares del copyright. La infracción de dichos derechos puede constituir un delito contra la propiedad intelectual.

El contenido de esta obra es responsabilidad del autor y no refleja necesariamente las opiniones de la casa editora. Todos los textos e imágenes fueron proporcionados por el autor, quien es el único responsable por los derechos de los mismos.

Publicado por Ibukku, LLC
www.ibukku.com
Diseño y maquetación: Índigo Estudio Gráfico
Copyright © 2022 Presciliano Quezada
ISBN paperback: 978-1-68574-155-6
ISBN ebook: 978-1-68574-156-3
LCCN: 2022910795

Índice

Prólogo	5
AMOR	7
TU CUERPO	8
SIN RESPUESTA	9
AMOR SECRETO	10
POR SIEMPRE	11
SOLO TÚ	12
TU BESO	13
AMOR DE MADRE	14
TORNASOL	15
NUEVO MILENIO	16
HERMOSO RÍO	17
TARDE O TEMPRANO	18
ETERNIDAD	19
CERRAR MIS OJOS	20
UNA FLOR	21
IMPONENTE MUJER	22
CONFIESO	23
ORACIÓN	24
SIN PALABRAS	25
A TU BELLEZA	26
OJOS CLAROS	27

QUISE SER	28
DESEO	30
LABERINTOS	32
VENUS	33
AMÉMONOS	34
OCASIÓN ILUSORIA	35
CON LAS ALAS ROTAS	36
ROMÁNTICA MUJER	37
SURGIRÉ CONTIGO	38
CONTIGO A SOLAS	40
VOLVERTE A VER	41
GOTITAS PASAJERAS	42
DOS LUCEROS	43
CELEBRACIÓN	44
NI UN PASO MÁS	45
¿NO TE PARECE HERMOSO?	46
ALAS MÁGICAS	47
TU RECUERDO	48
A SU MAJESTAD	49

Prólogo

Este poemario es el producto de toda una vida. Ha sido escrito a través de muchas vivencias. Los poemas han sido entrelazados, entre las primeras creaciones y las más actuales.

Y la verdad es que no se necesita ser muy docto en la materia para percibir cuáles fueron escritos primero. Debo confesar que en principio la idea de publicar no estaba en mis planes. Simplemente escribía por mero placer.

En una ocasión alguien muy cercano me dijo: "Es una grosería que escribas y no lo des a conocer; si no publicas es como si no hubieses escrito jamás".

Por supuesto llegar a la meta no ha sido fácil. Sé que si alguien, en algún lugar, se siente conmovido al leer algún poema, me daré por bien servido.

PRESCILIANO QUEZADA D.

AMOR

Escúchame desde el centro de tu alma.
Hazte sentir desde el fondo de tu ser.
Háblame con la voz de la esperanza
y enséñame tu lenguaje de mujer.

Navego en aguas que en torrentes crecen
dejando tintes de paisajes bellos.
Aspiro al mundo que tu voz me ofrece
buscando luz en todos tus misterios.

Doblega esta ansia total que me enerva
para no sucumbir a la locura.
Déjame penetrar en tus venas
y hundirme entre torrentes de dulzura.

Estoy aquí, sin más que venerarte
por la gracia que tienen tus arrojos.
Por la impetuosa forma de llevarme
al amor, a tus pies, ante tus ojos.

TU CUERPO

Tanto te amo, que hasta la fecha
sigo esclavo del pensamiento:
me trae recuerdos, me trae recuerdos.
Parece que te veo esplendorosa
y tu cuerpo, tu cuerpo siento.
Tu cuerpo, tu cuerpo de diosa.

La suavidad de tus manos
y su caricia; su caricia
me sigue quemando.
Te sigo amando, te sigo amando.

Sufro porque aún presiento
todos tus besos, todos tus besos.
La sonrisa que siempre sueño
por doquiera me acompaña
y tu cuerpo será mi dueño
tal vez mañana, tal vez mañana.

SIN RESPUESTA

Buscando voy con la ilusión en puerta
con el corazón dispuesto como nunca;
impulsado por un deseo que busca
la máxima expresión de mis ternezas.

Sin respuesta voy vagando incesante
deseando con vehemencia un encuentro.
¿Dónde está tu risa? ¿Dónde tus besos?
¿A quién derramas tu fe y tu luz diamante?

Vengo a buscar a mi amada y no contesta,
grito y veo desesperado por doquier.
Ya no tengo voz, ni fuerzas en mi ser.
No seguiré buscando, si no hay respuesta.

Me alejaré por siempre de su lado
con un dejo de tristeza muy profundo.
Sé que imploré y busqué hasta el cansancio
y mi amada se dispersó en el mundo.

AMOR SECRETO

Que el silencio de la noche
guarde nuestro amor secreto
y gocemos en derroche
la dulzura de los besos
cuyo fin se desconoce.

Que a los ojos de la luna
y el juzgar de las estrellas:
no exista causa ninguna
de recordar nuestras penas.

Solo que en esos instantes
reviva la emoción plena,
mientras la luna expectante
cual conscientes las estrellas.

Que esta noche silenciosa
haga que el alma se beba
esta pasión gota a gota
y que ella nos proteja
de las dudas misteriosas.

POR SIEMPRE

Si en nuestros corazones
siempre existiera la fuente
que hace crecer nuestro amor,
yo te juro que siempre
pondré el deseo en el corazón
de ser tuyo eternamente.

Si la gloria de tu alma
se alza más como la mía,
yo te juro que en mi vida
no habrá más esperanza
que ver rota la calma
de las almas que suspiran.

Si ya entre nosotros dos
no existe ningún secreto
y cada que existe un beso
está puesto el corazón;
por siempre estará preso
el querer decirnos adiós.

SOLO TÚ

Eres toda luz, aroma y flor,
divina creación, gloria sin fin,
tierna sonrisa, promesa de amor,
luz de vida. Te quiero sentir.

Sé bien lo que aguarda en tu seno,
embeleso que tiembla febril;
a mi pecho le abren destellos
de una bella mañana de abril.

Grácil figura, labios carmín,
voz y ritmo, elegancia y quietud;
estremécete al beso y solo tú
doblegarás mi frente por fin.

TU BESO

El beso que tú me diste,
lo traje por mucho tiempo,
sin darme por vencido,
lo acurruqué en mi cuerpo.

Lo llevé muy cerca conmigo,
hasta donde yo más quise;
me recosté indefenso,
al recuerdo y al suspiro.

Y prolongué más su sabor
endulzando mis sentidos
y me lo llevé por amor,
hasta que me quedé dormido.

AMOR DE MADRE

Este amor es infinito,
sublime por demás;
da la vida, es principio,
es candor, eternidad.

Es fuente donde procede
el camino a la nobleza;
esencia de las mieles,
resplandor de la pureza.

Es calor tan exquisito
que envuelve con suavidad;
es el valor de lo bendito,
invitación a la verdad.

Es canto místico que tiene
el secreto de lo inmortal;
es el amor que siempre viene,
siempre llega y siempre está.

TORNASOL

Abro los ojos por la mañana
y vuelvo a la vida feliz;
surcan mi mente desbordada
destellos de luz que alaban
tu belleza perenne y sutil.

A partir del instante glorioso
con fe y devoción imploro
guíe la luz a cuanto adoro
y vuélvase tornasol grandioso.

¿Dónde está la caricia divina?
¿Y la pasión en dónde espera?
¡Salten a la luz, sean bienvenidas!
Aunque ocultas, las imagino bellas

NUEVO MILENIO

Nueva es la vida de cada día.
Una esperanza cada amanecer.
Eleva plegarias con alegría;
vive, vive ahora con simpatía.
Olvida resabios para vencer.

Mira el presente con optimismo,
intuye el campo de tu misión;
labra tu tierra y tu destino,
enfila tus pasos a un camino
nuevo en la vida y en el honor:
inspírale al mundo y a ti mismo
olas de lucha y también de amor.

HERMOSO RÍO

Hermoso río de aguas cristalinas
que serpenteando vas entre montañas;
alguna vez murmurando tus hazañas
y otras tantas sonriéndole a la vida.

Limpia todo mi ser de lo farsante.
Vuelve mi faz límpida y serena.
Haz que mi piel se torne rozagante
y motiva la fuente de mis venas.

Quiero ver de lleno tu grandeza,
en mi pecho sentir tu bienvenida.
Después de mis brazos opresa
tu grandiosa presencia adormecida.

Surge pues, bien mío, sin tardanza,
cual remanso inagotable de placer;
esta noche es alegría, canto y danza
hechizada por tu clase de mujer.

TARDE O TEMPRANO

El amor, amor mío, no se calla
por demasiado tiempo:
hace olas, hace sentir su beso,
susurra suave y no delata
una mirada con sentimiento.

Tarde o temprano brota
y rompe el silencio
y surge con la victoria
y nunca en la historia
es tarde para saberlo.

Destella su blanca luz,
ríe de gozo y contento;
dice cosas, lo dice al viento
y ya descubierto, lo sabes tú.

ETERNIDAD

Te has eternizado amor
y en la inmensidad celeste
te volviste para siempre
la antorcha y el calor
que guían mi corazón.

Hoy que ocupas dignamente
un lugar en el espacio etéreo,
te presiento aun sin verte
y humildemente te venero.

Compartimos el pan y vino
que incondicional me diste.
Dichoso mortal no existe
con el honor más divino.

Te amo y te amaré por siempre
hasta que el aliento me abandone
y hasta el último suspiro
alabaré tus dones
y aún más... emergeré contigo.

CERRAR MIS OJOS

Cerrar mis ojos tal vez tú puedas,
para que, en un instante, no te vea;
un lapso nada más, quizá sea,
pero toda la vida, no hay manera.

Sabes que te aprecio y te admiro,
joya inapreciable que destila luz.
Sabes que alimentas mi suspiro
y su secreto, lo sabes solo tú.

Tú sientes el aliento de la vida,
que sonríe y cómo te embellece;
aliéntame con el don de tu alegría
y te amaré por siempre, tantas veces.

Podrá cambiar el tiempo, Dulcinea,
y un obstáculo más, tal vez surja;
se volverá el mundo y quizá no te vea.
Cambiará todo, pero el amor, nunca.

UNA FLOR

Hace ya algún tiempo
yo vi nacer una flor;
era tierna, era suave
era frágil, era amor.

Poco a poco fue creciendo,
poco a poco floreció,
abrió sus pétalos tiernos
y su corazón abrió.

Esa flor es exquisita.
Esa flor es esplendor.
A su alrededor destila
su ternura y su candor.
Deja que aspire tu aroma,
deja sentir tu calor,
deja que brinde ahora
con el néctar de tu amor.

IMPONENTE MUJER

Imponente mujer rodeada de auroras.
Me inclino hacia ti porque eres bella,
palpitante de amor, tal vez soñadora;
inalcanzable quizá, eres mi estrella.

Tu pasión a la vez rosa y espino
y sin desmerecer tu hermosura
vas sin premura haciendo un camino
que forjas divino con tanta ternura.

Ilumina tu faz mirada cautiva.
Brotan del pecho hondos suspiros;
languidece la flor si no respira
nuevos vientos y nuevos bríos.

Haz un esfuerzo por alcanzar
bellos momentos, un solo instante;
ve a la corriente, déjate llevar,
después si quieres sigue adelante.

CONFIESO

Confieso que te extraño
estrella fugaz en el firmamento.
Tú vagas libre sin tiempo ni lugar;
te busco en el espacio y no te encuentro.

¿Por tus confines van mis pensamientos?
¿Puedes oírme acaso?
¿Sientes el rumor lejano
de un beso o de un abrazo?

Te amo, te amo y te presiento
como perenne brisa que se acerca
a tu trigal ondulante y espeso,
concierto de luz, reguero de estrellas.

ORACIÓN

Señor:
existo por causa de tu infinito amor,
pienso, siento, miro, hablo y actúo
¡gracias a tu divina generosidad!
Para seguirte y cumplir tu voluntad
quiero ser uno con el universo,
ser conciencia y verdad en mi camino;
saber la parte que me corresponde
en el plan maestro de la vida.

Hazme conocer tu verdadero significado,
para permanecer fiel a tus principios;
déjame levantar mi voz para alabarte,
déjame presentirte en espíritu y esencia
para contemplarte desde adentro
y postrarme a tus pies agradecido.

SIN PALABRAS

¿Huyen acaso las palabras?
¿Son mis pensamientos ya furtivos?
¿Se habrá quedado muda el alma?
¿Y quieto mi corazón cautivo?

Trémula la emoción se delata.
Discurre sin barreras mi sentir;
la respiración se agita al surgir
insalvable un nudo en la garganta.

Me apodero, amor, de tu silencio
y vuelco el instante en pura dicha;
puedo, amor, pernoctar en tus besos,
forjar en tu pelo una caricia.

No existirán más palabras tal vez
que hablen del amor que te profeso;
de que te quiero, te quiero, lo sé.
¡Aunque quede mudo el pensamiento!

A TU BELLEZA

A tu belleza me inclino
cual humilde siervo tuyo;
mi ser se llena de orgullo
por estar en tu camino.

Basta ver tu complacencia
en tu mirada de estrella
y en la sonrisa tan bella
se sostiene mi existencia.

Esta finura de seda
arroba tus lindas manos,
hasta el pensamiento queda
estático y atrapado.

Hay un soplo de luz divina
que destila tu mirada;
un sol para mí imagino
derramándose en mi alma.

OJOS CLAROS

A través de la cortina
de ciertos ojos claros,
no obstante, sus matices raros
el pensamiento se adivina.

No existe el pensamiento oculto
cuando diriges tus pupilas
ardientes donde te miran,
veneran y guardan culto.

No es más la intención expresiva
si miras a la alborada;
ni existe más fiel tu mirada
cuando sin sentirlo suspiras.

Entre ambientes tan extraños
ver el pensamiento fascina
a través de la cortina
de ciertos ojos claros.

QUISE SER

Quise ser galante y fino
con esa chica de serio carácter;
aquella de los ojos divinos
y de bello semblante.

Y conseguí decirle
lo que anhelaba,
cuando mi mano estrechaba
entre su mano que viste
ropaje de dalias.

Así por un tiempo
su calor pulsaba;
presentí sus besos
como corazonada.

Llegó hasta mí el rezo
de los labios en llamas
y me prendí en silencio
dejando atrás las palabras.

La chica silenciosa
cerraba sus párpados tenues;
su pensamiento, cual mariposa,
volaba entre música misteriosa
y entre flores de campos verdes.

DESEO

Cuántas veces he soñado
un beso ilusionado
de tus labios carmesí
y sentirme acariciado
por la seda de tus manos
que me hacen sucumbir.

Cuántas veces he deseado
mirarme retratado
en el fulgor de tu mirada
y sentirme apasionado
de tus ojos, donde he mirado
una pasión desbordada.

Y he deseado
sintiendo mis dominios
ya casi destrozados
que antes de un brusco arrebato
por la pasión y el delirio
sonrías ofreciéndome tus brazos.

Es imposible contener esta pasión,
de una fuerza increíble
nacida en el corazón
y esparcida en el dolor
de tenerte tan cerca
y al no poder tocarte
me lleno de tristeza.

He deseado un solo instante
estar junto contigo
y sin rodeos decirte
que me siento herido
por la pasión que despertaste
en mi corazón dormido.

LABERINTOS

Nublados los ojos, nublada la mente,
laberintos obscuros, claros disgustos;
con el tiempo falaz, inclemente
y los actos, los actos injustos.

Trayendo un clamor clavado en el pecho
y dentro, muy dentro, un deseo encantado
sintiendo temor a cada momento
y los labios ... no sé qué digan tus labios.

¡Oh tiempo tan rudo! ¡Oh momento indeciso!
¡Qué daño tremendo, qué daño me has hecho!
Yo que soñaba postrado en el nido
rodeado de mimos, caricias y besos.

VENUS

Impetuoso instinto y sentimiento
cruzan gloriosos el campo del amor;
cantan y bailan adorando el viento
que impregna de aroma del rosal en flor.

¡Oh Venus! Ven, escucha estos rezos
que musitan encendidos de placer.
¡Aviva tu hoguera! Alienta mi cuerpo
a penetrar y fundirse en tu ser.

¡Oh Venus! Bendita sea tu estampa
que ocupó el vacío de mi pecho
llenándolo de luz y esperanza.
Permite entrar en tu espacio y tiempo,
donde se funde y modela el crisol
etéreo y cristalino, ¡de nuestro amor!

AMÉMONOS

Amémonos como la vez primera,
cuando el amor pasó, entre murmullos;
llegó mucho antes que la primavera
y nos envolvió con su voz de arrullo.

Llegó pronto, sin anunciar siquiera
que tú eras mía o que yo era tuyo;
anidó entre los dos, cual un capullo
hecho pasión que desbordar quisiera.

Nuestro amor es así, quién lo creyera,
en las altas cumbres se contempla,
es nuestro apoyo, es nuestra fuerza,
no hay más nada, que por él no fuera.

Amémonos, mi bien, en esta entrega
que va más allá de cuerpo y alma;
la gracia del amor nos embalsama
y nos hace la vida aún más bella.

OCASIÓN ILUSORIA

A juzgar por tus encantos
doy fe de tu grandeza
y al pie de tu belleza
no hay a quien admirar tanto.

Sé que con mucho orgullo
me precio de ser sincero
déjame decir que muero
de ansiedad por ser tuyo.

Habrá ocasión ilusoria,
sendas de penas tortuosas;
mas esta ola impetuosa
ha de conseguir la gloria.

Ya en tu regazo esperando
el fruto de mis desvelos.
Me basta decir te quiero
porque ya te estoy amando.

CON LAS ALAS ROTAS

Con las alas rotas, desanimado,
sigo a la deriva, sin remedio;
no busco otro sendero, ni otros brazos,
busco tu mundo, busco tu cielo.

Te imagino entre flores y esmeraldas,
en aromas de esencias exquisitas;
tu cabello adornado con guirnaldas
e iluminando todo tu sonrisa.

Parece que te veo embelesada
aspirando el aroma de las rosas
y en las tardes de sombras misteriosas
tirita mi alma, mi alma que te extraña.

Y tal vez tú recuerdes algún día,
como yo, la gloria que vivimos
y desees con vehemencia el vino
que ofrende a la diosa de mi vida.

ROMÁNTICA MUJER

Romántica mujer de mi pasado
que hiciste que mi amor se sublimara,
que aún guarde en el hueco de mis manos
la cálida ternura de tu cara.

Yo sé que después de separarnos
nos seguimos amando con el alma.
Aún sentimos el contacto del pasado
y ni tiempo ni distancia nos separan.

En mi ansiedad vive la esperanza.
Ya en mi ser no cabe la quietud,
mi corazón sediento te reclama
y en mis sueños apareces solo tú.

Ya ven y toma mi ser, ya mis manos
esperan con ansia estrecharte,
despertar la cadencia de tus labios
y revivir el amor que marchitaste.

SURGIRÉ CONTIGO

Hoy lo dejaré todo.
Solo pensaré en ti;
olvidaré el diario acontecer;
me inundaré en la nada
y poco a poco
surgiré contigo.

Nada existirá.
Nada perturbará
la paz que inunda tu presencia;
sentiré mi espíritu
volar entre tus manos,
entrar a tus misterios
y anidar entre tus besos.

Quedaré inmerso
en este mundo único
¡cuya existencia es divina!
Gratitud infinita
¡guarda todo mi ser!

Para pertenecerte siempre
guardaré celoso
este dulce recuerdo.
En ademán discreto
cerraré los ojos,
besaré tus labios
y me olvidaré de todo.

CONTIGO A SOLAS

Estar contigo a solas
y solo de testigo el viento
acariciando nuestras caras,
jugando con tu pelo
y moviéndote las alas.

Abandonados nuestros cuerpos
al deseo y la esperanza;
sin pensamientos en la nada;
sentir profundamente a lo lejos
elevarse nuestras almas.

Se esfuman las tristezas.
Desvanecen como sombras
al ambiente tus aromas
y adorando tu belleza
estar contigo a solas.

VOLVERTE A VER

Si he querido volverte a ver
es para pedirte perdón
por la torpeza de no querer
aceptar lo triste de tu adiós.

Y decirte que olvides el momento
en el que yo te hablé de amor;
que hagas de cuenta que mi sentimiento
en tu vida nunca existió.

Vete como paloma que en su vuelo
parlotea libre y sin obstáculo,
álzate regocijante en el espacio
y déjate admirar como un lucero.

En mi vida vive como un recuerdo
el inmenso amor que despertaste
y en la decepción que tú causaste
se quedó abandonado tu beso.

Trato de que el alma con un suspiro
borre toda huella de tus pasos
y, sobre todo, olvide que en tus brazos
quise alguna vez formar un nido.

GOTITAS PASAJERAS

Gotitas pasajeras
que andáis en mi tejado,
sus pasos me recuerdan
mis pasos a su lado.

Gotitas pasajeras
que navegáis por doquier,
su vagar me recuerda
el encuentro de ayer.

Gotitas pasajeras
que danzáis en silencio,
su compás me recuerda,
lo dulce de sus besos.

Gotitas pasajeras
sin deseos de marchar,
mi corazón les ruega
que terminen de pasar.

DOS LUCEROS

Puedo traspasar las barreras que cautivan
y ver, después de ellas, qué se esconde;
si porque sonríes o porque suspiras,
porque estás triste o dónde
estás mujer cuando me miras.

Puedo, aunque te resistas y desees lo contrario,
llegar a palpar las letras de tu pensamiento.
Sentir cómo nace la ternura de un sentimiento
en tu corazón y mi corazón desesperado.

Puedo predecir qué pasará cuando llegue el futuro
conociendo el pasado y sintiendo tu presencia.
Puedo decir que puedo esclarecer lo oscuro
de tu alma si a mi alma le das fluorescencia.

No es necesario que los labios declaren
el sentimiento que nos fustiga;
no es necesario oír el corazón que suspira
sino dejar que se comprendan y se hablen
dos luceros, silenciosos, que nos miran.

CELEBRACIÓN

Ya está dispuesto el vino, amada,
en tus manteles se enseñorean
y serpentean vivaces las flamas,
luz y sombras de las velas.

Todos los sentidos alertas.
Se oyen voces, alguien canta
tal vez música del alma,
son que anima y te besa.

Te acaricia sin descanso.
Toma el espíritu y el néctar;
su combinación secreta
se devela en tus brazos.

Canto y danza, melodía selecta.
Cada paso suave y seductor;
toma mis sentidos si dispuesta
estás, mujer, para el amor.

NI UN PASO MÁS

Mujer, tú que has cruzado mi camino
andarás de la amarga hiel a la dulzura
errando ciertas veces y perdido
el rumbo, volverás a la aventura.

No sigas ya tu marcha aventurera.
Mira de frente, activa tu destino.
Ni un paso más, que la esperanza llega
aliviando así tu pecho herido.

Recorrerán mis labios tus llanuras
cuando quede ya tu cuerpo ex profeso;
no habrá camino, espacio ni espesura
que no sea cubierto con mis besos.

Y las flores bañadas con rocío
palpitarán al tacto de tus manos
y se dirán mil promesas al oído
y en el acto musitarán tus labios.

¿NO TE PARECE HERMOSO?

¿No te parece hermoso
el arrullo del silencio
y el afán del pajarillo
que trata de romperlo?

¿No te parece hermoso
el murmullo del viento
y la forma de las hojas
que tratan de vencerlo?

¿No te parece hermoso
el resplandor del cielo
y la forma de las nubes
que tratan de esconderlo?

¿No te parece hermoso
que en tanto duelo
nuestra pasión amenace
convertirse en fuego?

ALAS MÁGICAS

Abriendo tus alas con elegancia
no existe más gozo que el volar;
acto sublime, sin arrogancia,
dueña del viento y la libertad.

Muy cerca de ti, yo te persigo
y con prudencia modero mis pasos;
contemplo tu vuelo, tu vuelo callado
volviendo en giros, gracioso ritmo.

Surgiendo en calma, desenfadada,
lejos de penas y sinsabores,
¿vendrás acaso a elevar el alma
entre tus alas y tus colores?

Por tus alas mágicas yo te amo,
surcas los aires sin fronteras;
dejas paisajes en el espacio
y en cada vuelo, todo un poema.

TU RECUERDO

Te recuerdo todavía y te veo
radiante, con tu cabello al viento,
volviendo tu faz, otra vez volviendo
y tus labios al susurro y al silencio.

De facciones finas y sonriente
complacen tus formas mi deseo;
ojos vivaces que advierten
cuánto sufro y lo que quiero.

Te recuerdo todavía y te pienso
con los brazos abiertos a la vida;
el tiempo en suspenso y en tu pecho
naciendo la esperanza aún cautiva.

Te recuerdo tanto que no puedo
dejar de imaginarte toda;
aún en el presente, el pensamiento
se aferra a tus colores y tus formas.

A SU MAJESTAD

Trae consigo un legado
sustancioso, bien amado,
que evoca y rememora
con donaire y sutileza.
Qué poder y qué belleza,
a sus pies, mi gran señora.

Refulgen sus sentidos
en cristales diamantinos,
cual remansos vertedores
al suplicio de mi sed;
combina sus amores
entre cantos ruiseñores
hechizados por usted.

A su caudal poderoso
mi ser, humilde, silencioso,
consigo agradecido va;
por saber de su grandeza,
no solo clama, reza,
que no me olvide nunca más,
se lo suplico, majestad.

www.ingramcontent.com/pod-product-compliance
Ingram Content Group UK Ltd.
Pitfield, Milton Keynes, MK11 3LW, UK
UKHW041943230426
12048UKWH00008B/103